구름 한 점
백 년 세월 품고

세움북스는 기독교 가치관으로 교회와 성도를 건강하게 세우는 바른 책을 만들어 갑니다.

구름 한 점 백 년 세월 품고

초판 1쇄 인쇄 2025년 10월 25일
초판 1쇄 발행 2025년 10월 30일

지은이 | 이광호
펴낸이 | 강인구

펴낸곳 | 세움북스
등 록 | 제2014-000144호
주 소 | 서울특별시 종로구 대학로 19 한국기독교회관 1010호
전 화 | 02-3144-3500
이메일 | holy-77@daum.net

디자인 | 참디자인

ISBN 979-11-93996-62-1 (03230)

* 이 책은 신저작권법에 의하여 국내에서 보호를 받는 저작물입니다.
  출판사의 협의 없는 무단 전재와 무단 복제를 엄격히 금합니다.
* 책값은 뒤표지에 있습니다.
* 잘못된 책은 교환하여 드립니다.

구름 한 점 백 년 세월 품고

이광호 시집

시인의 말

그리운 친구

잔머리 굴릴 줄 모르는
겸손하고 맘씨 고운 친구가
긴 글 쓰는 나에게 핀잔을 준다
짧은 글 편히 읽게 써 달란다

긴 글을 부담스러워 하는 친구
논리 전개 귀찮게 여기는 친구
자기는 짤막한 시가 좋단다

첫 페이지부터 읽지 않아도 되고
생각날 때 뒤적거릴 수 있고
한자리 앉아 다 읽을 수 있고
심심할 때 꺼내 읽을 수 있는

그런 글 써 달라고 다그쳤다
또 한 권의 시집을 펴내면서
먼저 간 친구 얼굴 떠올린다
배신의 시대에 참 친구가 그립다

2025년 가을
이광호

목차

시인의 말 그리운 친구   5

제1부

호수	10		참 미美	19
야산夜山	11		장미 아치	20
비	12		새 날	21
무망無望	13		바다와 나	22
방황	14		어느 오후	23
그리움	15		찬양	24
풍랑	16		춘상春想	25
자연 청소부	17		문경새재	26
고백	18		봄이 오고 있나 보다	28

제2부

교활한 사탄	32		이진흠 선교사	51
패륜의 시대	34		역겨운 국회의원들	53
하나님의 무서운 진노	36		착각과 실제	55
장님의 독백	38		대한민국의 민낯	56
개들의 낙원	40		배신의 시대	58
악한 지도자들	42		이재명 대통령	59
참교회를 기대하며	43		애석한 인생	61
돈, 재물	45		나의 좌우명	63
부끄러운 기독교	47		제2의 인생	65
교회를 이긴 시대적 풍조	49			

제3부

사탄의 공세	68
불시에 닥치는 태풍	70
그리운 어머님	72
검정색 잉크	74
신뢰와 모함	76
추수감사	78
교회 사랑	80
쉐키나 교회	82
참된 기도	83
군상群像	84
힘겨운 전투	85
추억 되살린 결혼식	86
병든 조국	88
악어의 눈물	89
공개 석상의 고뇌	90
비밀의 방	93
배신의 아픔	94
위선의 시대	95

제4부

팔공산 운부암雲浮庵	98
우포늪에서 보낸 하루	100
울릉도	102
독도	103
목포 기독교역사 탐방	105
위그노	107
제네바의 하루	109
박상은 동인 소천	111
베트남 호치민	113
태국에서의 추억	115
한 점 구름, 백 년 세월	117

해설 『구름 한 점 백 년 세월 품고』에 나타난 시심·송광택 시인   119

1부

호수

파란 하늘 가득 담은
열린 호수

기러기떼 몰려들어
분주히 움직이다가
눈앞에서 사라졌다

멀뚱한 나그네 기러기 떼 찾아
하늘 사다리 내리고

호수면 거울 통해
물속 허공 내려 봐도
그 기러기 떼를 볼 수 없다

어느덧, 두 조각
구름 구두 신고
호수 바닥 거닐며
파란 하늘 쳐다본다

야산 夜山

달빛 촉촉한 산속 깊은 허리춤
홀로 외로이 서있다

둘러 봐도 태고적 그 형상 외에
아무것도 보이지 않고

귀 기울여도 태고적 그 소리 외에
아무것도 들리지 않는다

살짝 다가와 나를 핥고 지나가는 바람
태고적 그 바람인가

밤하늘을 훔쳐 가는 희뿌연 구름뭉치
태고적 그 구름인가

숙연한 시간이 멈추고
오직 하나님과 나
내가 옛적 그 아담이런가

비

쏴 ~
쏴 ~
처르 처 처르르륵

창문 밖
처마 끝 길게 드리워진
빗살 커튼

가득 피어난 고운 물보라
안온한 분위기 만들어 내고

세차게 뿜는 빗소리
온 하늘을 품어
신묘한 정적을 이룬다

잘게 부서진 내 영혼
어느덧 생명의 파수꾼 손에 들려
감사와 희열의 교차로 되어

아무도 알지 못하는
신비의 천국으로 변한다

무망 無望

온종일, 흙먼지 뒤집어 쓴 몸
몰래 칠흑의 밤길을 나선다

숨죽여 혼자되길 기다려
죽은 도시를 뒤적인다

로터리, 로터리 돌며
빨간 네온사인 십자가를
죄다 거둬들인다

밝아 오는 아침
빛이 사라진 유리관 더미
다시 허탈감에 허덕인다

십자가 사라진 도시
욕망에 빠진 자들
삶의 의미를 잃고 있다

방황

도심지 화려한 공간에
불어닥친 건조한 사막풍
내 영혼을 메마르게 하고

밤거리 가득 채운 빨간 불빛
뜨거운 열기 뿜어내어
피를 역류시킨다

한 마리 야생마가 된
게슴츠레한 눈에 비친 신기루
희망을 품지만 곧 부서진다

음침한 도시 쓰레기 더미
산화되어 버려진 몸과 영혼
짙게 타는 냄새가 나를 이끈다

도심지 바람, 뒤틀린 야생마
눈앞에 나타난 아련한 신기루
유혹의 손길을 떨치고
다시 일어나 앞으로 걸어간다

그리움

새로 만든 풀 바구니
흩어진 그리움을 끌어 담는다

혹시 떨어진 조각이 있을까
살피고 또 살핀다

사라질 삶의 궤적
차곡차곡 쌓일 때
몰려오는 아쉬움

가득 찬 풀 바구니
쏟아져 빈 바구니 될까
조심스레 덮개를 씌운다

이제, 그리움 가득한 풀 바구니
흐르는 강줄기 따라
먼 바다로 떠나보낸다

때 되면, 어디선가
터뜨려질 풀 바구니
완전히 흔적 감출 날 오리라

풍랑

대양을 항해하는 배
순풍에 햇빛 찬란한 날씨만
기대할 수 없다

음산한 날 불시에 닥치는
태풍과 산더미 같은 파도 속에

선장과 선원들은 최선을 다해
제 목숨보다 승객을 먼저 챙긴다

영혼을 헤치는 사나운 이리 떼
살을 갉는 벌레들, 악성 바이러스

험한 세상의 나약한 교회들도
악한 세력에 맞서 혼신을 다해
싸울 준비로 깨어 있어야 한다

자연 청소부

만물 중의 자연 청소부
섭리 속에 천연 정화작용

태풍은 큰 파괴를 야기하지만
바다 환경을 정화시킨다

큰 홍수는 농작물 피해를 주지만
산천의 찌꺼기를 대청소한다

국가와 사회 속 개혁의 큰 물결
부정부패를 몰아낸다

교회에 부는 정화의 태풍
악한 풍조를 정리한다

거대한 섭리와 경륜, 역사적 안목으로
하나님의 승리를 바라본다

고백

꽃봉오리 맺기 전
그대 아름다움 미처 몰랐소

앙상한 겨울나무
내가 본 전부였소

눈보라 차가운 밤
훌쩍 떠난 겨울 여행

헤매다 돌아왔을 때
꽃봉오리로 맞아 준 그대

마른 가지에 갇혀 있던
참 아름다움을 보았소

이제 꽃이 다 시든다 해도
그 아름다움을 똑바로 보겠소

참 미 美

예쁘게 보이려 애쓰는 자들은
꾸미기에 열중한다

약점을 잘 숨겨 자기 만족하지만
화장으로 덧칠한 그 얼굴 감탄하는 이 없다

본 모습을 아는 자는 의아한 마음이다
참 아름다움이 없는 일시적인 화장

절제된 언어로 빚는 참 미 美
고운 혀로 다듬는 자들에게만 있다

외출할 때마다 얼굴보다
더 단아하게 화장해야 할 혀

어리석은 자들은 외모를 내세우지만
지혜로운 자들은 언어생활을 더 다듬어 산다

장미 아치

친구네 대문 앞
장미 아치가 눈부시다

그걸 지극히 사랑한 본 주인은
자기 왕관을 남긴 채
지난해 남편 먼저 먼 길을 떠났다

찬란한 장미 아치 왕관을
왕후의 머리에 얹어 주고 싶은 날

사진 속 친구 부부의
활짝 핀 미소가 오래 향기롭다

새 날

새벽
찬 하늘
사뿐히 내려와
나를 촉촉이 적신다

심신이 파란색으로 물들어 간다

지난밤 남기고 간
별빛 상큼한 자국들
콧등 위에 내려앉는다

이윽고 영혼이 온통
별 밭으로 변해 간다

나는 파란 하늘
별들의 세계를 머금은
아침 이슬이 된다

바다와 나

새벽 움트는 아침 바다
거대한 거울
저 큰 하늘을 비추고

노을 기다리는 저녁 바다
세미한 거울
날아가는 갈매기
떠도는 구름조각을
남김없이 비춘다

외로이 누운 밤 바다
신비의 거울
밤하늘 별무리 비추어
별들에게 소식을 전한다

바다는 큰 거울
나는 작은 바다

어느 오후

햇빛 나른한 초가草家

민들레 몇 송이 피어난 담벼락엔
살살이 오수에 못견디고

엄마랑 아가는 말없이 잠 씨름을 한다

아가를 재우던 엄마
스르르, 먼저 꿈나라 가면

아가는 고사리손으로
엄마 눈을 살짝 찔러보고

살며시 일어나
노리개 주워 모아
고사리 저녁밥을 짓는다

찬양

곱게 핀
꽃송이들
예쁘게 단장하고

품격 있는
꽃다발 되어
하늘을 향한다

철따라
아름다움 뽐내던
각양각색의 꽃들

한 묶음 찬양되어
마땅히 가야할 곳
하늘 향해 오른다

춘상 春想

지친
삭막한 도시
길가 줄지어 선 벚꽃 속에
어릴 적, 울 엄마
어여쁜 치마저고리 보인다

숨막히는
공사장 언덕배기
한 폭 가득 피어난 개나리 속에
어릴 적, 내 동생
노랑 저고리 보인다

공해 속
좁은 공터에
피어오른 진달래 속에
어릴 적, 내 고향
정겨운 뒷동산 보인다

문경새재

고즈넉한 옛길 걸으며
지난 세월을 되새겨 본다

겹겹이 쌓여 있을
길 위의 수많은 발자국들
바닥 속 조용히 들여다본다

물기 남은 흔적
단층되어 사라져 간
주인 모를 희미한 발자국

흰 두루마기 삿갓 쓴 노인네
완고한 발자국 서려 있고

과거 보러 한양 가던 젊은이
짚신자국 꿈을 먹은 채 남아 있다

시집 간 아낙네 첫 친정 나들이
고운 한복 코고무신 자국
울렁이는 가슴도 포개져 있다

그 사이사이 박힌 말발굽 자국
함성 지르는 병정들의 발자국
하나씩 드러내 보이고 있다

외로운 옛길 걸으며
맨발의 발걸음 앞에, 와르륵
지난 세월이 쏟아져 내린다

봄이 오고 있나 보다

따뜻하게 풀린 바람
새봄 직감케 하지 못했다
다양한 꽃들과 새소리
봄기운 전달하지 않았다

예배당 주변 식목 행사
나무 심는 성도들의
손에 들린 흙 묻은 삽 끝에서
진한 봄기운 전달되어 온다
고사리 손에 들린 호미 끝이
봄 내음 잔뜩 내뿜고 있다

유난히 길었던 지난겨울
칼바람 휘몰아친 잔인한 계절
잔뜩 긴장한 채 추위에 맞서
보온병 손에 들고 봄 기다렸다

삽과 호미 끝에서 시작된 봄
고운 색 미리 드러내 보인다
이제 봄이 무르익게 되면
가냘프고 예쁜 꽃무리들
겨울 세력 누그러뜨리겠지
차가운 횡포 꺾게 되겠지

● 실로암교회 식목 행사, 2024년 3월 16일

2부

교활한 사탄

교회 주변을 서성이며
공략할 기회를 노리는
사탄에 속한 무리들

귀신들 동원하여
하수인 찾기에 급급한
교활한 영적 세력

곱상한 자들을 미혹하고
험악, 괴팍하지 않은 인물을
슬며시 끌어들이는 귀신

광명한 천사처럼
하나님의 자녀를 미혹하는 자들

그 미혹에 저도 몰래 사탄의 하수인 되어
온갖 거짓말로 지상교회를 허무는
악한 자들의 계략

그 가운데 절개를 지켜
참 소망 품은 성도들
구원역사 이루며
주님의 재림 기다린다

패륜의 시대

부모와 스승 앞에서 패륜으로
감각조차 없는 자들

연로한 부모를 멸시하고
불효를 적절히 숨긴 채
당위성을 내세워 변명을 일삼는다

집안의 어른 따윈 귀찮고 불편한 대상
안중에도 없는 그림자일 뿐

교회에도 넘쳐나는 패륜 행위
오랫동안 가르쳐 온
노년의 스승마저 무시당한다

어린 교인들 앞에서
마치 훌륭한 신앙인인 듯
자신을 내세우는 위선들

하나님 경외하는 참 믿음의 성도라면
취할 수 없는 악행 아닌가

말세지말, 망해 가는 세상 풍조
교회 내부에 침범한 슬픈 참상을 본다

첫사랑 회복하고 변해야 할 교회가
철저한 회개를 거부한다면
하나님의 심판을 더는 피할 수 없다

하나님의 무서운 진노

무지한 인간들은 하나님의 진노를 부추기고
머리 위에 저주를 쌓으며 태연자약한다

억울한 모함과 폭행을 당하면
참으며 견뎌 냄이 일반이다

그러나 사랑하는 자녀가
동일한 고통을 당한다면 달라진다
아버지는 그 자녀를 위해
자기 모든 것을 걸고 나선다

세상에서 가장 두려운 죄 중의 하나가
하나님의 사랑받는 자녀에게
가하는 부당한 음해와 폭력이다

하늘의 아버지는 모든 상황을
철저히 지켜보며 방관하시지 않는다

하나님의 소중한 자녀를
패거리 지어 폭행한 자들의 머리 위에
하나님의 진노는 임한다

거짓 모함을 일삼는 자들은
하늘 아버지 앞에서
회개하고 용서를 구해야 한다

하나님의 엄중한 경고,
'부모의 죄가 삼사대까지 미치리라'
하신 말씀을 잊어서는 안 된다
저주를 쌓는 일을 멈춰 세워야 한다

장님의 독백

하늘이 푸르다고요? 아마 그렇겠지요
난 모른답니다 그 푸르름을

산이 높고 바다가 넓다고요? 그렇겠지요
난 모른답니다 그 높고 넓음을

색색의 꽃들이 아름답다고요? 그렇겠지요
난 모른답니다. 그 아름다움을

이슬엔 색깔이 없다고요?
그러나 난 이른 새벽 조용히 내린 이슬로
하늘의 색깔을 알 수 있어요

바람에도 색깔이 없다고요?
난 살랑이는 바람 소리로
뜰에 자라난 풀잎 색깔을 알 수 있어요

따스한 햇빛은 색깔이 없다지요?
난 내려앉는 포근한 햇살로
돌담 옆 꽃잎의 색깔을 알 수 있는 걸요

사람들이 앞을 보지 못하는 나를
측은히 여기는 것 같아요

하지만 난 산보다 높고 바다보다 넓은
어머님의 큰 사랑을 볼 수 있고
아름다운 세계를 지으신
하나님의 지극한 사랑을 밝히 볼 수 있답니다

눈 뜬 많은 사람들은
비온 뒤 하늘의 무지개에 감탄하면서도
하나님의 계획은 모르는 것 같네요

나는 빨주노초파남보의 신비를 볼 순 없어도
무지개로 주신 하나님의 놀라운 섭리를
뚜렷이 볼 수 있답니다

온 하늘 뿌려진 별들의 세계가 궁금한 밤
세미한 자연의 소리와 흐드러진 별꽃들이
내 삶에 쏟아져 내리고 있어요

소망을 머금은 주님의 빛이
마음속 가득히 넘쳐흐른답니다

개들의 낙원

불과 20여 년 전 아파트 환경은
지금과 전혀 달랐다

아이들 재잘거리며 뛰노는 모습은
생활의 활력이었다

게시판에 부착된 '아파트 내 개사육 금지'
공지문이 슬그머니 사라져 버렸다

이제는 단지 내 예쁜 아이들 사라지고
개들의 전성시대가 되었다

어느 노인이 다가오는 개를 향해
불편한 한 마디 던지자
천하 못된 젊은 개 주인이 쌍욕을 해댔다

어미아비도 없을 듯한 개 주인 앞에
그 노인은 한마디도 못하고
귀를 막은 채 갈 길만 재촉했다

노인 공경이 사라진 사회
사람보다 개가 대우받는 '쌍놈의 나라'

어느덧 인간 세계를 정복한 개떼가
인간들의 호위를 받으며 인간을 비웃듯
의기양양한 태도를 보인다

● 2025년 봄

악한 지도자들

국가 지도자들 애국자인 양
백성들 이용하기에 급급하다

교회지도자들 신앙인인 양
교인들 기만하기에 급급하다

나라가 망하고 교회가 망해도
그다지 이상하지 않다

거짓으로 무장한 위선자들
사람을 도구로 추욕을 채우려 할 뿐
진리와 정의에는 관심 없다

저주의 발판 위에 올라서서
승리자 행세하는 악한 자들
불쌍한 마음이 들 따름이다

다음 세대는 이제 어찌하나
나쁜 본을 보인 지도자들
책임져야 할 날 눈앞에 보인다

참교회를 기대하며

이 땅, 어디든
교회 간판과 십자가 즐비하다
밤이면 건물 앞의 교회 이름보다
붉은색 네온사인 십자가가 눈에 띈다

교회는 성도들의 언약공동체
이름만으로 참 교회가 될 수 없다

어려서 성장치 못한 미숙한 교회
질병으로 비틀거리는 병든 교회
말씀, 성례, 권징이 사라진 교회

교인을 속이는 거짓된 교회 지도자들은
엄중한 경계의 대상이 되어야 한다

진리를 품은 참교회의 중요한 사명
미숙한 교회 성장 도와야 하며
병약한 교회 치유에 힘써야 한다

세속화로 복음이 사라진 시대
연약하고 병약한 교회의 회복을 위해
성숙한 참교회들이 많아져야 한다

온 성도들이 세속 환경을 극복하고
천상에 속한 참교회로 자라가길
간절한 마음으로 기원한다

돈, 재물

어리석은 탐심은
불필요한 것을 추구하며
거기 목숨 거는 행위이다

돈이란 종이 조각이나
다양한 형태의 재물을
원하는 만큼 쌓아 가며
만족스러워하는 인간들

모으는 것보다 중요한 건
올바르게 사용하는 일
죽으면 자랑하던 모든 것들은
아무 소용없는 쓰레기

후일엔 사랑하는 자식들에게
무서운 폭탄이 될 수도 있는데

자랑 삼던 그것들을 후대를 향해
폭탄처럼 내던지고 가버리는
어리석은 부모들이 있다

정신 바짝 차려야 할 우리 시대
선배들의 교훈을 상기해야 한다

쓰레기 폭탄 모으기에
혈안이 된 어리석은 자들
여기 저기 눈에 띈다

부끄러운 기독교

겸허해야 할 지상 교회가
역사적 환경 극복하지 못한 채
이기적 집단으로 변신한 슬픈 현실

특검特檢이 일부 목사들과
그들의 본거지를 압수수색하자
강한 불만을 드러내는 교계 인사들

기독교 탄압이라 주장하며
왜곡된 정의감에 사로잡혀
강력히 저항하는 모습을 보인다

정교분리의 원칙 주장하지만
먼저 근본을 허물고 어린 교인들을 끌어들여
이기적 욕망에 앞장선 자들

설교 시간에 정치 선동을 일삼고
권력자들 앞에 굽신거리며
교회 상석上席을 내 준 배도자들 아닌가

이제 와서 교회 탄압이라 외치지만
그동안 정치 개입한 목사들은
반성과 회개를 선행해야 한다

교회가 세속 정치에 개입하며
국가의 교회 수색을 거부한다면
궁색한 억지 논리일 따름

제 무덤 파 놓고 원성을 드러내며
정교분리 원칙을 외치는 자들은
근본 태도부터 바꿔야 한다

● 2025년 여름

교회를 이긴 시대적 풍조

여 강도사를 허락한 합동측 교회
보수 개혁 신학 앞세운 교단
여 목사 제도를 위한 양탄자를 깔았다

통합, 기장측이 시행중인 제도
이럴 거면 과거에 왜 비판했던가

옛 선배들의 주장이 잘못되었다면
여 목사를 거부한 과거의 학자들은
냉철한 비판받는 것이 당연하다

이제까지 잘못이라 비판해 놓고
슬쩍 입장을 바꾸는 태도는 문제 있다

역사적 중간 지점의 타협자들은
변곡점마다 성경 교훈을 비틀며
자기 판단이 옳다고 큰 소리 친다

개혁신학을 앞세운 고신과 합신 교단도
나중에 여 목사 받아들일 거라면
지금 수용하는 게 더 낫다

세속 풍조를 해석해야 할 교회
그 앞에 무릎 꿇은 모습이 추하다

● 합동측 총회가 2023년 9월 19일 '여성 강도사 제도'를 가결한 후 이틀 뒤인 21일 그 결의를 번복했다. 그 자체로는 반길 만한 일일지 모르나, 성경의 원리를 따르지 않은 채 교단 내 여론에 굴복한 것이라면 여전히 안타까움이 남는다. 처음 안을 올린 자들이, 저들의 신학적 입장을 철저하게 반성적으로 살펴 다시 정립했다면 모를 일이지만 말이다. 이로 인해 불신과 반목이 생기지 않았으면 좋겠다.

2023년 9월 20일.

이진흠 선교사

멋진 친구 이진흠 선교사,
믿음의 가정에서 성장한 성도
소위 일류 중고등학교를 거쳐
S대학 공대를 졸업한 수재

졸업 후 대기업 취직하여
이십대에 초급 간부된 사원
훤하게 열린 성공의 길

서른 살 정도 되어, 돌연
회사에 사표 내고 퇴사를 감행

그 후부터 1톤 트럭에
과일 상자 싣고 다니는 판매상
한국 최고대학 출신의 수재가
왜 그런 특별한 선택했을까?

1980년대 평범하지 않은 광경
그는 주변 힘든 친구들 보며
저들과 동일한 위치에 서서
그 친구들과 같아지기 원했다

세상에서 인정받지 못하고
남 보기 변변치 않은 이들의
힘든 환경에 미안한 맘 컸다

그는 남들의 칭찬 대상이 되고
부러울 만한 것들 내려 놓았다
그에게서 실행된 박애 정신
그것이 진정한 기독교 정신

외모로 판단하지 않는 하나님
그에 속한 이들, 세상의 조건
자랑거리 삼지 않을 뿐더러
약자 편에서 자기를 낮춘다

지금은 필리핀 여러 섬에서
선교 사역하는 이진흠 선교사
세월 흘러도 옛날 모습 선하다

역겨운 국회의원들
- 이재명 대표 체포 가결 -

정치적 성향과 무관한 생각이다
인정머리라고는 찾아 볼 수 없는
본색을 드러낸 일부 민주당 의원들

이십일 넘는 기간 동안 단식하며
심한 고통에 시달리는 저들 대표를
작정하고 궁지로 몰아 가고 있다

그의 체포동의안에 가표 던진 자들
한 번 배신자는 또 다시 배신하는 법
저들 속에 남은 건 추한 욕망 뿐

상식적이라면 있을 수 없는 일
누군가 심한 고통에 처해 있다면
나중에 현안을 다루어도 늦지 않을 터

하물며 현재 저들의 대표가 아닌가
욕망에 눈 먼 전문 정치꾼들에게
시민을 위한 마음이 있을 리 만무하다

저들의 눈 밖에 벗어난 백성의 삶
자기 출세를 위한 도구일 뿐
시민들에 대한 진심어린 관심은 없다

개인의 정치적인 야망만 추구하면서
순박한 시민들 앞에 추파를 던지며
그들을 이용하고자 혈안이 된 자들

앞으로 펼쳐질 능숙한 위선 행위
어리석은 자들을 속이고 기만하면서
애국자 코스프레를 지속해 가겠지

불신에 불신을 뒤섞는 슬픈 현실
다음 세대를 이어 갈 순박한 청년들이
그 배신행위 따라 배울까 두렵다

● 누구든지 심한 고통의 상태에 놓인 사람을 뭉둥이로 후려치진 않는다. 이유 여하를 막론하고 굶주린 사람에게 매를 들고 심하게 채찍질해서는 안 된다. 이것은 행위의 옳고 그름이나 그 원인 행위와 무관한 기본 인권의 문제이다. 병원에 누워 탈출하거나 도망갈 우려가 전혀 없는 사람에게 그런 식으로 폭력을 가할 수는 없다. 설령 법적으로 사형이 확정된 사람이라 할지라도 그렇게 하지는 않는다. 한 집에서 한 솥밥 먹는 민주당 일부 국회의원들의 그와 같은 행태는 도저히 납득할 수 없다.

2023년 9월 21일.

착각과 실제

우둔한 자들은 부모의 마음을 오해한 채
왜곡된 자부심을 가진다
마치 건강하며 유능하고 성공한 자식만
더 사랑하는 부모들인 양 생각한다

하나님 앞에서도 미련한 자들은
자랑거리로 착각 속에 허우적댄다

교육 수준이 높지 않고 세련되지 않아도
하나님을 진실로 경외하는
겸허한 신앙자세가 더 소중하다

배경을 자랑하며 자기주장 고집스러운 자들
장차 심한 부끄러움을 당하게 된다
진리 앞에서 바닥까지 낮아진 성도를
사랑의 주님은 끝까지 보호하신다

왜곡된 분위기에 익숙해진 오만한 자들이
마음 깊이 간직해야 할 교훈이다
주님의 재림 때까지 거듭난 성도들이
내내 잊지 말아야 할 보배로운 교훈이다

대한민국의 민낯

용산 대통령 부부는 언론을 통해
스스로 '개의 아빠 엄마'라 자랑한다
그 집 개들은 제 부모의 막강한 권세로
엄청난 부귀영화를 누리는 셈이다

그 부부에게 아부하는 간신배들
개들 앞에 고개 숙여도 이상하지 않다
구중궁궐 개들은 많은 맛난 음식에다
특별 고급 치료로 정승 대우받을 것이다

대통령실에서 불과 2km 떨어진
그 옆 동네에 '동자동 쪽방촌'이 있다
화려한 서울 한복판 좁은 쪽방에서
가난과 배고픔, 무더위와 냉혹한 추위로
고통받고 소외된 이들의 애처로운 삶이 있다

그들도 대한민국 국민인 한
안녕과 생명보호를 국가가 감당해야 할 텐데
짐승들을 더 극진히 대우하고 경홀히 여기면
분노를 사지 않을 수 없다

지근거리에 정반대의 처지에 놓인
개와 인간의 극한 대비, 이 기막힌 현실
가련한 우리시대의 민낯 아닌가

● 2023년 9월 22일 밤 KBS1 '추적 60분'을 시청하며 많은 생각이 들었다. 그리고 윤석열 대통령 부부가 개들의 아빠엄마로 불리기를 좋아하는 것은 온 국민이 알고 있다. 윤대통령은 SBS TV '동물농장'에서, "안녕하세요. 새롬이 아빠, 마리와 써니, 토리 아빠 윤석열입니다"라고 자기를 소개했으며, 그의 아내 역시 개들을 지칭하며 "아이들의 엄마 김건희입니다"라고 인사했다. 이에 대해서는 헤럴드경제를 비롯한 여러 언론이 보도했다.

2023년 5월 28일자.

배신의 시대

어제의 친구가 오늘 불편한 관계가 되고
혹은 지나쳐 원수로 변하기도 한다

사실은, 이제까지 진정한 친구가 아니면서
위선적 친분을 유지했을지 모른다

그럴 바엔 수십 년 끌 이유가 없었고
정 들기 전 진작 정리하는 편이 나을 뻔했다

슬픈 우리 시대에 반복되는 배신의 경험
모든 사람을 불신케 될 우려가 따른다

신뢰를 해체하는 불신의 힘은
친구 관계를 끝내 원수로 만들기도 한다

이런 일이 교회 안에서도 발생한다니
우리를 더 슬프게 만드는 안타까운 현상이다

이재명 대통령

새 대통령이 취임했으니
무너진 나라가 복구되길 기대한다
그의 모든 정책을 지지하는 것은 아니지만
국정운영을 원활히 수행해 가기 바란다

갑자기 떠오른 돌아가신 할아버지의 웃는 얼굴
이 소식을 들으셨으면 얼마나 기뻐하셨을까?
대통령이 '경주 이씨'라는 이유만으로

어릴 적 고향 동네에선
전주 이씨들의 자부심은 이승만 대통령
고령 박씨들의 자부심은 박정희 대통령이었다

마실 갔다가 돌아오신 할아버지는 종종
경주 이씨 대통령도 나와야 한다며
뒷짐 진 채 중얼거리곤 하셨다

이제야 경주 이씨 대통령 나왔으나
할아버지께는 너무 늦은 경사라
할아버지 얼굴을 떠올리며 웃음 짓는다

출신 인물에 대한 옛날 분들의 순박한 자부심
투닥거리면서도 인정이 넘치던 시대였으니
그 시절 고향 마을이 그리워진다

● 이재명 대통령 취임식 날, 2025년 6월 4일

애석한 인생

자식 노릇 제대로 못하고
남편 노릇 제대로 못하고
부모 노릇 제대로 못하고

부모님 편히 모시지 못하고
아내로부터 원망의 대상이 되고
자식의 존경을 기대할 수 없고

자식 키워봤자 헛것이라며
긴 한숨 쉬는 늙은 부모님

젊은 날의 인생 억울한 듯
서운한 맘 쏟아 내는 아내

어릴 적 기억에 불만이 많은 듯
서운한 속내를 보이는 자식들

큰 집에서 부유하게 살아도
사람 구실 제대로 못한다면
허망한 인생이 될 수밖에 없다

그런 중에도 언약의 백성은
겸허한 삶을 유지할 경우
주님의 참 은혜가 허락된다

이미 지나가버린 긴 세월
애석해도 되돌릴 수 없고
인생 길 너무 힘들지라도
더 이상 어찌할 도리 없다

한숨 내쉬는 부모님
서운함 쏟는 안쓰러운 아내
대화하기 불편한 자식들

자신을 비추는 고통의 거울이여
오늘이 전부인 자들은 통곡하지만
성도들은 항상 내일의 소망을 본다

● 나이 든 어느 성도의 가슴 아픈 사정을 듣고 안타까운 마음이 컸다. 그의 삶을 잘 알고 있는 나로서는 여간 당황스럽지 않았다. 한편 누구나 처할 수 있는 형편이라 생각하니 가슴이 쓰리다.

나의 좌우명

평생 품어 온 나의 좌우명
'코람데오'(Coram Deo)
'메멘토 모리'(Memento mori)

'하나님 앞에서' 항상 노출 되는 삶
'죽음 앞에서' 모든 욕심을 버리는 삶

나이 들어 하나 덧댄 좌우명
'치매 앞에서'(before dementia)

누구에게나 찾아올 수 있는 치매
종종 치매 걸린 나를 상상해 본다
어떤 모습 어떤 행동을 하게 될까?

치매는 평상시의 심성과 가치관
그대로 반영해 드러낸다고 한다
곱고 예쁜 치매가 있기도 하지만
격한 태도 보이는 경우도 있다

만일 나에게 치매가 찾아온다면
곱고 예쁜 치매이길 기대하며
오늘도 조용히 그때를 준비한다

내일일지 언제일지 알수 없으나
하나 덧댄 좌우명, '치매 앞에서'
소중한 버팀목 역할을 해 내고 있다

제2의 인생

목회자로 살아온 한 평생
나이 칠십이 되어 은퇴하면
남은 인생 무엇을 하며
살아가야할지 복잡한 생각 들었소

우선 사진작가를 꿈꿨지만
값비싼 카메라 장비 준비에
사용과 관리 하는 일 쉽지 않아
결국 포기할 수밖에 없었소

두 번째 꿈인 시인의 삶
한 평생 머리로 짜 낸 논리로
저술과 논문에 쏟던 모든 힘을
이제 시로 마무리하면 어떨까 싶었소

결국 가슴에서 솟구치는 감성
복잡한 아무런 장비 없이
빈 종이와 볼펜 한 자루로
감성을 정리하고픈 마음이 생겼소

지하철 안이나 복잡한 까페
언제 어디서나 얽매임 없이
솟구친 감성 알알이 모으다 보니
어느덧 시인이 되어 있었소

이제 살아갈 날 얼마나 될지
알 수 없으나, 나의 손에는
항상 빈 종이와 볼펜이 들려
나와 한 몸을 이루고 있을 것이오

3부

사탄의 공세

사탄의 교묘한 술수와 계략
틈새 노리는 매서운 공격

예수님 십자가에 못 박고
믿음의 형제들 박해한 세력
여전히 습성 멈추지 않은 채
지상교회 파괴에 치중한다

비록 심한 상처 예견되어도
그에 강력하게 맞서 싸우며
더욱 견고해져야 할 교회

표리부동한 사탄은
타협의 상대 될 수 없으며
다음 세대 교회를 지키려면
꺾어야만 할 사악한 괴력이다

교회가 선한 싸움을 중단하면
승리의 축배를 들게 될 사탄이
더 기고만장할까 우려한다

심한 고난과 죽음이 닥쳐도
십자가 위의 주님을 기억하며
끝까지 싸워 이겨야 한다

위기의식을 느낀 사탄의
집중 공격대상이 된다면
교회로서 도리어 상당한
자부심을 가질 만한 일

지난주일 공 예배 시간
성도들 함께 부른 시편 79편을
묵상하며 감사한 마음을 가진다

불시에 닥치는 태풍

1.

세찬 태풍이 휘몰아친다
광풍을 붙들어 세울 능력이 없다

유일하게 할 수 있는 일
집과 가구와 주변의 나무들
굳게 붙들어 매는 작업이다

자신과 가족과 소중한 이웃
태풍에 휩쓸려가지 않도록
정신 차려 대비해야 한다

2.

험한 세상을 살다가 보면
예기치 못한 거친 풍파가
불시에 불어 닥치기도 한다

갑자기 광풍이 휘몰아칠 때
하나님의 도우심을 의지하며
당황치 말고 대처해야 한다

진리의 말씀을 중심에 두고
성령의 도우심을 간구하며
소망의 내일을 바라봐야 한다

그리운 어머님

어머님 돌아가신 지 오늘로 만 이년
어린아이마냥 보고 싶은 얼굴

상을 당한 지 두 달이 지나지 않아
슬픔의 눈물이 채 마르기도 전
사탄이 갑자기 내 앞에
거짓과 모함을 엮은 폭탄을 내던졌다

잔인한 사탄의 세력에 맞서며
앉은뱅이책상 앞에 조용히 앉아
독서하시던 어머님을 떠올리곤 했다

심한 고통이 휘몰아칠 때
어머님의 교훈을 되새기며
매순간 힘겹게 이겨 낼 수 있었다

돌아가신 어머님에 대한 그리움
얼마나 지나면 벗어날 수 있을까
옛날에는 '삼년상'이라 했는데
일 년 더 지나면 과연 끝이 날까

오늘도 어머님 독서하시던
그 자리에 앉아 묵상하며 글을 쓴다
동일한 곳에 앉다 보니 더욱 그리운 듯

그런 중에 솟는 주님을 향한 감사의 마음
슬픔, 걱정, 고통, 거짓, 음해가 없는 곳
영원한 주님 품에 안기신 어머님

이 땅의 삶이 아직 험하고 힘들지라도
장차 완성될 천상을 바라보며
기쁨과 찬송의 마음을 유지한다

● 환갑을 넘긴 내 여동생 중 하나는, 어머님 돌아가신 지 만 이년이 되는 지금도 해맑게 웃으시는 어머님 사진을 휴대폰 바탕화면에 깔아 두고 있다. 어머님에 대한 그리움 때문이겠지? 언제까지 그리할지 물어 봐야겠다는 생각이 든다.

2025년 7월 18일.

검정색 잉크

1.

하얀색 빈 도화지 위
가득 쏟아진 검정색 잉크

더러워진 부분 걷어 내고
또다시 닦아 낸다 해도
여전히 남는 검은 흔적

검정 잉크 한번 쏟아지면
원상회복 힘든 안타까움

2.

사실을 벗어난 거짓 증거
백지 같은 빈 마음에
검정 잉크를 쏟아 붓는 행위

잉크 한번 쏟아지면
진실이 드러나게 될지라도
원래로 되돌리기 힘든
얼룩진 도화지

무책임한 거짓 선동
위태로운 폭력을 동반한
검정색 선입견 투척 행위

선인들이 애써 강조했던
세치 혀의 사악한 위력 앞에
찢겨진 심정을 다스리며
천상의 나라를 바라본다

신뢰와 모함

이웃 사이에 형성된 신뢰는
원만한 삶을 위한 동력 된다

세상의 모든 보화를 가져도
신뢰할 만한 이웃이 없다면
불안정한 삶에 직면한다

가난한 형편에도 신뢰하는 이웃을 통해
평온함 마음을 유지한다

이웃에 대한 부당한 모함은
화평을 깨뜨리는 범죄를 유발한다

하나님과 함께 하는 자들은
마음속 평안을 누리지만,
악한 자들은 위험한 칼끝으로
자기 심장을 겨누고 만다

한 자리 둘러앉은 악한 자들이
거짓말로 이웃을 험담하며 의기투합해도
친구관계는 오래 갈 수 없다

무책임한 거짓말의 향연 속에
미련한 자들의 불신앙 행위는
불행의 싹만 키울 따름이다

추수감사

수확의 계절
눈앞의 결실
하나님의 선물

낮 하늘 태양 빛
내려앉은 밤 기온
때에 따른 비바람
농부들의 땀방울

익은 열매들
일용할 양식
생명의 유지

추수철 맞아
많이 거둔 자
적게 거둔 자
한자리에 모인
감사의 축제

만물의 주님께
돌려지는 찬양
성도들이 누리는
하나님의 은총

● 오늘 실로암 교회에서는 추수감사 교제의 시간을 가졌다. 더 많이 거둔 자는 더 크게 감사하고 그렇지 못한 자는 덜 감사하는 것이 아니다. 우리는 '일용할 양식'을 공급하시는 하나님께 다 같이 감사한 마음을 가진다.

2023년 11월 5일.

교회 사랑

실체적 사랑 없이
허상에 사로잡혀
교회 사랑을 외치는 자들

마음속에 남겨진
지나간 옛 추억
땀방울의 흔적
목소리 높인 복음송

그와 같은 신앙
종교적 자기 취향일 뿐
교회 사랑이라 할 수 없다

연약한 성도를 멸시한 채
맹목적 열정을 불태우며
교회를 사랑한다는 착각

변질된 종교적인 감정
하나님의 뜻을 멀리하며
심각한 혼선을 빚는다

성숙한 이들
차별 없는 관심으로
성도 한 사람 한 사람
참 사랑으로 엮어 간다

배도의 시대
예수님의 요구를 따른
참된 교회 참된 사랑
주님의 뜻이 드러나길 원한다

● 교회에 대한 일반적인 사랑은 항상 점검되어야 한다. 소속된 교회 성도들의 명단을 하나 하나 체크해서 모두를 사랑한다면 전적인 사랑이라 할수 있다. 물론 그 사랑은 단순한 감정이 아니라 그리스도께서 가르치고 본을 보이신 참사랑에 기초해야 한다. 교회의 성도들 중 사랑하는 이들이 100퍼센트에 가까울수록 좋지만 70-80퍼센트 정도라 해도 교회를 사랑한다고 할 수 있다. 그러나 10-20퍼센트 혹은 그 이하로 내려가거나 사랑하는 성도가 거의 없다면 교회를 사랑하는 것이 아니다. 어지러운 시대 교회에 대한 참사랑이 회복되길 바라는 마음 간절하다.

쉐키나 교회

배도에 빠진 교회 거부하고
오직 하나님 말씀 따르려는
작은 자들 모인 언약공동체

생소한 교회 이름 '쉐키나'
주님의 영광 임재하는 성소
예배 중 실재하는 그의 영광

천상에 맞닿은 신령한 영역
실체적 하나님의 몸된 교회
주님 정해준 때까지 존재할
대구에 세워진 '쉐키나교회'

작지만 주님의 군대 이루어
세상에 굴하지 않는 병사들
오직 주님의 재림 바라보며
끝까지 싸워 승리 거두리라

● 2025년 6월 15일

참된 기도

기도,
하나님의 말씀을 떠나
일방적 소원을 간청하는
인간의 종교 행위가 아닌
하나님과 성도의 신령한 교제

기도,
하나님의 뜻을 기억하며
중보자 그리스도를 통한
거룩한 대화의 시간
그 가운데 드러나는 감사와 찬양

군상 群像

사방의 다양한 군상들
평상시 감춰진 심성
옆 사람이 위기에 처하면
본성은 쉬 드러나기 마련이다

진정한 친구는 희생을 감수하며
위로의 손길을 펼치는데
옆자리 인물은 거짓의 나팔수 된듯
헛소문 내는 데 열중한다

주변 구경꾼은 실상을 멀리한 채
호기심 어린 눈길뿐
이기심에 꽉 찬 자들의
험담을 즐기는 그 우매한 태도라니

두려움 없는 자들이
거짓증거로 이어가는 뒷담화
복잡하게 뒤얽힌 군상
뚜렷한 경계선이 보인다

힘겨운 전투

영적인 전투 현장
피 흘리는 전쟁 중에
안일한 삶을 추구하는 자들

강력한 세력의 사탄
힘없는 자들 틈서리에서
펼치는 어둠의 작전

악한 세력을 규합해
어린 교인들을 향해
영적인 맹공을 가한다

그에 맞서 싸울 자는
참된 진리를 품은
주님께 속한 군병이다

목숨이 붙어 있는 한
끝까지 싸워 이겨야 할
힘겨운 영적 전투

추억 되살린 결혼식

삼십 년 전, 1993년 12월초
청년 박준태 노현실의 결혼식
졸시拙詩에 선율을 덧입혀
성도들 함께 축가를 불렀다

삼십 년 후, 2023년 12월초
그들 사이에 태어난 자녀
청년 박가영 최성준 결혼식
동일한 축가를 부른다

오래전, 부모 결혼식에서
온 성도들이 함께 부른 축가
삼십 년 긴 세월 훌쩍 지나
그 자녀 결혼식장에 울려 퍼진
같은 교회 성도들의 축가

새로운 부부도 자녀를 얻어
나중에 저들의 결혼식장에서 불릴
동일한 축가를 상상해 본다

부모가 보여 주는 신앙
대를 이어 상속되길 소망한다
험난한 파고를 헤쳐 나갈
새 가정에 천상의 축복을 빈다

● 주례: 이광호 목사. 2023년 12월 2일

병든 조국

중병 걸린 정부 정신 나간 공직자들
백성의 근본 가치를 통째로 흔든다

방화 범죄 후 자살한 승려에게
최고 훈장인 무궁화장을 추서한
대한민국 정부 관료들

최고 명예를 얻은 방화 자살자를 보며
젊은 세대는 무슨 생각을 할까

윤리적 법적 일관성을 무시하는
앞 세대의 가치 파괴는
다음세대도 허물게 한다

무지한 백성들 보니
조국의 미래는 암울할 따름이다

● 2023년 11월 29일 '자승'이라는 법명을 가진 승려가 경기도 칠장사 요사채에 방화했다. 많은 유서를 남긴 그는 그 자리서 자살했다. 그리고 사흘 후인 12월 2일 윤석열 대통령의 대한민국 정부는 그에게 최고 훈장인 무궁화장을 추서했다. 방화를 무죄 선포하고 자살을 미화하는 일에 정부가 앞장선 것이다.

악어의 눈물

사람들이 경계할 대상은
손에 들린 총칼이 아닌
위태로운 혀와 악어의 눈물이다

효과를 높이기 위한
피해자 코스프레, 흐느낌의 호소력

그와 마주앉은 어리석은 자들은
판단력을 상실한 채 흔들리기 십상이다

실상 없는 추측, 피해야 할 예단은
하나님이 멸시하는 위태로운 현상

진실을 떠난, 악한 혀와 눈물의 조화
이웃 사이를 이간하는 파괴의 원동력이다

공개 석상의 고뇌

'그'가 젊은 불량배로부터
치명적인 폭행을 당했다
예리한 칼과 몽둥이 손에 들고
폭력을 행사한 자는 '그'와
개별적 이해관계가 있는 인물 아니었다

온몸이 칼에 찔리고 망치에 맞아
회복이 어려울 정도로 만신창이가 되어
전신이 피투성이 된 채 속까지 망가졌다

얼마 지나지 않은 시점,
피해자가 또다시 대중들 앞에 세워진 채
무자비한 공개적인 몰매가 시작되자
둘러선 사람들이 구경거리인 양
'그'를 멀뚱히 바라보고 있을 때
벌거벗긴 '그'의 모습 처참했을 뿐이다

무리 가운데 어떤 자들,
예리한 칼에 의해 상처 입은 '그'를
다시금 이곳저곳 찔러대는가 하면
몽둥이로 무자비하게 가격하기도 했다
'그'는 피투성이가 된 얼굴과 몸으로
더욱 큰 고통에 휩싸였다.

그 가운데 어떤 사람들,
폭행한 젊은 불량배를 두둔하며
'그'에게 잘못이 없다면 왜 그토록
잔인한 행동을 했겠느냐고 외치면서
얼굴에 침을 뱉으며 모욕을 주기도 했다

그 가운데 어떤 사람들,
피투성이 된 '그'를 물끄러미 바라보며
어쩌다가 저 지경에 이르렀는지
혀를 차는 자들의 모습도 눈에 띄었다

그 가운데 어떤 이들,
피범벅이 된 '그'의 모습을 바라보며
깊은 슬픔과 애처로운 마음에 잠겼을 뿐
악한 자들의 잔인한 위력에 눌려
별 도움을 주지 못해 안타까워만 했다

그 가운데 또 다른 어떤 자들,
무고히 공격당하는 '그'를 보고
악한 자들을 향해 크게 분노하고 있었다
하지만 예리한 칼과 몽둥이를 휘두르는
행악자들의 세력에 맞설 수 없었다.

그 자리에 있던 다수가,
형언할 수 없는 고통에 빠져 들었다
그들은 아무 말도 하지 못한 채
눈물만 흘리며 괴로워했을 따름이다
그 감정이 고스란히 전해져 왔다

온 몸에 피흘리는 '그'의 모습을 보며
십자가에 달리신 주님을 떠올렸다
주님과 달리, '그'는 죄인이었으나
주변의 악한 무리는 과거와 같았다

● 2024년 1월 28일, 주일

비밀의 방

악한 자들은 동류를 모으려 애쓴다
세력 확장을 위해 발버둥친다

선한 이들은 그렇게 하지 않는다

악한 자들은 거짓 증거를 조작하여
비밀의 방에서 뭉친다

선한 이들은 그렇게 하지 않는다

악한 자들은 특정인에 대해
근거 없는 일을 실제인 양 만든다

선한 이들은 그렇게 하지 않는다

살아계신 하나님을
두려워하지 않는 자들
사악한 그 행태가 무섭다

배신의 아픔

[나]는 [가]를 위한 사랑의 마음으로
하나님께 간구해 왔으나

[가]는 다른 사람들을 찾아다니며
[나]에 대한 음해를 되풀이 했다

동류의 거짓말을 사실인 양 퍼뜨려
끊임없이 이어진 뒷담화의 현장

[나]의 마음을 더 아프게 한 것은
거짓이 진행된 실상을
전혀 몰랐다는 것이다

믿는 도끼에 찍힌 발등
발등이 아니라 속마음이 찢겼다

어두운 등잔 밑의 배신과 음해 행위
악하고 무서운 세상
추악한 죄성이 드러난다

● [나]는 1인칭 대명사이다. 그리고 [가]는 경상도 방언으로 3인칭 대명사인 '그' 혹은 '그 친구'를 의미한다. 2023년 가을에 쓴 글이다.

위선의 시대

교회가 썩고 나라가 썩어도
하나님께 기대어 서 있을 뿐
할수 있는 일이 아무것도 없다

거짓 승리 위에 펼쳐진 굿판
폐허 앞에 헛웃음 짓는 자들
모든 것이 제 뜻대로 된 줄 안다

악행이 넘치는 현장에서도
그에 대항해 맞서 싸울만한
아무런 여력이 남아 있지 않다

하나님의 말씀을 벗어난 자들
무슨 짓을 하고 있는지 모른 듯
공동체 파괴에 힘을 쏟고 있다

복음을 내팽개친 악한 자들
위선적 미래시대 열어 간다
불안한 세태 심히 우려된다

눈물짓는 가운데 인내하며
마음 추슬러 조용히 지켜보고
엎드려 간절히 기도한다

● 2025년 3월 12일

4부

팔공산 운부암 雲浮庵

팔공산 동쪽 끝자락
은해사 뒤로 이어진
고즈넉한 산길을 걷는다

바위틈을 비집고 흐르는
계곡 물 소리 들으며
한참 걸어올라 다다른
신라 고찰 운부암
구름 위에서 길손을 기다린다

산비탈 한 편에 버티고선
속빈 천년 넘는 '의상장목'
신라승려 '의상'의 지팡이
괴목이 되었다는 의미일 게다

천년이 훨씬 넘는 기간
꿈쩍 않고 자리를 지킨 나무
그 앞에 몇 마디 내지르고
지나친 자들의 숱한 비밀을
모두 아는 듯 내려다본다

천 수백 년 전의 신라인들
한 맺힌 고려, 조선인들
현대 한국인들 모두 모여
윤무 추는 광경이 스쳐 간다

우포늪에서 보낸 하루

어지러운 세상 살아가며
그에 휘둘리지 않고
피할 수 있는 하나의 방법

좋은 친구들 만나 떠들며
시름을 멀리 날려 보내는 것

우포늪에서 몇몇 친구들
한자리 둘러앉고 보니
개성이 뚜렷한 각자의 모습

사진작가, 문인, 환경운동가
나는 그 자리에서 신학자
조용히 찻잔을 기울이며
격의 없이 나눈 대화

추악한 세상을 무시한 채
잊을 것 잊어 버리고
묻을 것 묻어 버리고
보기 싫은 것 눈 감는 지혜

오늘 하루 곱씹어 보니
감사와 즐거움이 넘친 시간
좋은 친구들과 함께 보낸
모두에게 소중한 값진 자리

울릉도

동해 한가운데 우뚝 선 울릉도
곱상한 여인상을 상상했으나
용맹한 남성의 기백을 자랑하고 있다

동쪽 해 뜨는 곳 바위섬 독도에
외부 침탈자가 당도하면, 끝까지
지켜 주려는 높은 기개가 엿보인다

독도 넘어 먼 곳 일본열도를 향해
자기에게 딸린 독도에 눈독 들이면
절대 용납지 않으리라 포효하는 듯

근육질 몸매의 우람한 울릉도
일본 쪽 무사들 독도 땅 넘어오면
결코 좌시하지 않을 것이다

저급한 욕망 가득 찬 열도인들
울릉도의 위세를 모른 채 독도를 넘본다
솟구치는 성난 파도를 바라보며
역사적 파편들을 맘속에 담는다

독도

독도를 향해 질주하는
바다 위에 뜬 나의 배
파란 하늘 흰 구름 비집고 달린다

배가 사뿐히 섬에 내려앉으니
오랜 세월 외롭게 지낸 독도가
눈과 가슴속으로 밀려들어 온다

우리의 것을 자기 것이라 우겨대는
옆 나라 사람들의
거짓 선동을 이끄는 과도한 욕망

불안한 시대와 맞물린 국제정세
이성을 잃은 무책임한 위정자들이
역사적 교훈을 무시하는 듯하다

소탐대실 어리석은 열도인들이
남의 땅 자기 것인 양 우겨도
그로 인해 참 주인이 바뀌진 않는다

바위섬을 지키는 경비대원들
정체를 숨긴 위정자들로 인해
독도처럼 외로움을 내비치고 있다

● 한국개혁장로회 신학교 독서 모임 반에서, 장수민 목사의 '개혁교회 창시자 존 칼빈' 독서를 마무리한 후 특별 시간을 내어 독도 여행을 하는 중, 일본과 연관된 우리나라의 현실이 머리에 떠올랐다.

           2023년 10월 10-12일.

목포 기독교역사 탐방

거리상 멀리 떨어져 있으나
마음속 가까운 지역 목포

아름다운 유달산과 영산강
숱한 추억이 서려 있는 곳
여러 친구들이 살고 있는 땅

무르익은 가을 벗 삼아
주일학교 어린이들이 목포로
기독교 역사탐방을 다녀왔다

19세기말 낯선 이방인이었던
유진벨 선교사와 동역자들

가난한 바닷가에 코 큰 백인이 나타나자
처음 보는 모습의 신비한
서양귀신 '양귀' 洋鬼

복음의 비밀 소유한 선교사
경계와 호기심 어린 토착민들 사랑하여
매월 보름, '구경 데이 day'로 집을 개방하며
이웃에 다가간 파란 눈의 서양인들

힘든 과정 이겨 내며 세운
복음의 빛, 목포 양동교회

목포 지역의 옛 흔적을 밟으며
백여 년 전 그 선교사들을 만났다
옛시절을 잘 모르는 어린아이들이
그들만큼이나 신기해했다

우리 중에 그 선교사들처럼
복음을 위해 삶을 바치는 성도들이
많이 일어나길 기대해 본다

● 실로암교회 주일학교에서는 여러 해에 걸쳐 기독교 역사 탐방을 해 오고 있다. 그동안 서울 양화진, 부산, 전주, 전북 김제, 광주, 경북 의성, 영천 등지를 방문했다. 이번에는 목포를 둘러봤다. 전종득 목사께서 함께 다니며 좋은 설명을 해 주었다. '구경 데이(day)'는 유진벨 선교사가 매월 보름날 당시 조선인들에게 자기 집을 방문해 자유롭게 구경할 수 있도록 개방한 날이다.

2023년 10월 21일.

위그노

복음을 위해 모든 것을 포기한
16,17세기 프랑스 위그노
여기저기 낭자한 슬픈 피바다여

모진 고난의 여정 가운데
예수 그리스도의 복음만을
삶의 중심에 두었던 형제들이었다

주님 위해 목숨 내어 놓고
처절한 고난의 길을 걸으며
참 신앙을 펄럭이는 승리의 깃발

역사의 끄트머리 서성대는
우리 시대 배부른 교인들
거짓 풍조에 함몰된 모습을 본다

판단력을 상실한 상태에서
이기적 욕망에 뒤범벅되어
본질을 벗어난 교회들의 향연을 어찌할까

아픈 역사를 생생하게 보며
딱딱한 마음 그대로 둔 채
허우적거리는 말세 교회를 한탄한다

예수 그리스도의 죽음으로
새 생명을 소유한 성도들은
위그노의 숭고한 삶을 본받아
옛 신앙을 회복해야만 한다

● KRPC신학교에서 프랑스에서 사역하는 권현익 선교사의 〈위그노에 관한 특강〉이 진행 중이다. 믿음의 선배들의 신앙을 보며 고통을 이겨 내는 모습이 부러웠다. 그리고 한편 배부른 우리의 모습이 부끄러웠다.

2023년 10월 27일.

제네바의 하루

믿음의 선배들의 삶을 그리며
멈춰 선 스위스 제네바
골목길에 남아 있을 체취를 맡으려
사방을 두리번거린다

용광로가 되어 유럽 전역에
뜨거운 복음의 불씨를 날린
16세기의 자그만 도시

아름다운 론강을 따라 찾아간
소박한 묘지, 무덤 속 누워 있을 칼빈 선생

칼빈의 삶을 마음에 담은 채
바스띠옹 공원을 향한 발걸음
칼빈, 빠렐, 베자, 녹스 부조상을 보고
후스, 루터, 쯔빙글리의 이름을 기억한다

언덕 위 생삐에르 교회당 안
높이 솟은 설교단과 칼빈 의자
앞쪽 통로 수백 개 계단 위 종탑
눈 아래 펼쳐진 레만 호수
멀리 눈덮인 알프스의 몽블랑
믿음의 선배들이 여기 흔적을 남겼으리라

교회당 뒤편 베자 거리
길모퉁이의 제네바 아카데미
성경과 신학 연구에 열중하는
수백 년 전 교수와 학생들
진지한 모습들이 뇌리를 스쳐 간다

칼빈 거리, 옛 칼빈의 집
지척에 있는 마들랜느 교회당
다리 건너 생제르베 교회당
옛길 따라 바삐 움직이면서
머리와 발걸음 쉴 틈이 없다

하루 여행을 마치고 돌아온 숙소
어둠이 깔린 분위기 속에 휴식하며
커피 한잔으로 역사를 되새김질한다
16세기의 제네바를 떠올리며
선배들의 뒤를 따르리라 다짐한다

박상은 동인 소천
  - 베트남 다낭에서 -

박상은 동인이여,
갑작스레 이 땅의 생애를 마쳤다는
안타까운 소식을 듣소

35년 전 몇몇 형제들이 모여
'예수시대'열어 가자며
뭉친 것이 엊그제 같은데

박 동인의 성실한 인생살이
수많은 사람들의 무거운 짐이
하나로 엮어진 듯 보였소

환자를 위한 신실한 의료인
온 세계 오지를 향한 봉사자
학생들을 가르쳐 온 교육자
교회를 위한 겸손한 직분자

주님이 맡기신 분량에 따라
이 땅의 임무를 잘 마치고
먼저 가신 동인이 아쉽지만
부러운 마음이 들기도 하오

그곳은 아픈 이 없고
고통당하는 사람 없고
불필요한 욕망도 없이
하나님의 영광만 가득한 곳

뒤에 남은 우리도
힘 다해 장렬히 싸우다가
박 동인의 뒤를 따르리다

안타까워하는 우리보다
우릴 안타깝게 바라보는
박 동인의 눈길을 보는 듯 하오

● 박상은 동인은 베트남 의료 선교 중 소천했다. 그는 1980년대 후반부터 '예수시대'에서 활동해 왔었다.

2023년 11월 6일.

베트남 호치민

호치민에서의 짧은 시간
순전한 신앙과 소명으로
묵묵히 일하는 좋은 친구들

하나님 말씀을 의지한 채
힘든 길을 걸어가는 모습은
내면의 아름다움을 더한다

영적 전쟁터의 형제들이
진리 모르는 자들을 향해
내비치는 안쓰러운 마음

역사적인 고통을 극복하고
아름다움을 보존한 이 땅
때 묻지 않은 순박한 종족

풍성한 은혜와 더불어
참된 복음을 깨닫는 이웃들이
더 많아지길 기대해 본다

진리를 부여잡은 이들을 통해
희망을 보여 주신 주님께
감사와 찬양을 돌린다

● 고재승 선교사와 함께 베트남 호치민 선교 여행 중.
2024년 3월 8일.

태국에서의 추억

이십대 중반 겁 없던 청년의 때
복음 들고 맨 처음 태국 땅 밟은 지
어언 43년의 세월이 흘렀다

당시 OM선교회 LOGOS호 배를 타고
세계 각국에서 온 형제들과
전도 책자를 들고 이곳저곳 다녔다

치앙마이로 찾아온 추억의 파편들
'43년 전의 나'와 '지금의 나'
분명히 다른데 분명히 동일하다

긴 세월 누적된 시간 위에
얼개 쳐진 숱하게 많은 사건들
공간 안에 흩뿌려진 모래알처럼
별별의 별인 양 여겨지는 느낌

거친 풍파 헤쳐 온 발자취 따라
듬성듬성 드러나는 연결고리
하나님의 섭리와 경륜을 깨닫는다

그 가운데 드러난 복음의 정체
세상이 수천수만 번 바뀔지라도
영원불변의 진리와 사랑의 끈

방향을 상실해 버린 안타까운 시대
오직 천상의 나라에 소망을 두고
하나님께 깊이 감사하며 살리라

● '치앙마이 언약교회' 윤경도 선교사와 함께. 2024년 3월 9일.

한 점 구름, 백 년 세월
― 중국 운남성에서 ―

말간 하늘 저 멀리서
손바닥 만한 한 점 흰 구름 떠오른다
조금 전 없었는데 갑자기 생겨났다

새파란 하늘을 들여다보며
머릿속에 스쳐 지나가는
갈멜산 엘리야의 구름

한 점 구름이 두 점되고
두 점 구름이 세 점되어
커다랗게 뭉쳐진 구름 군집
북쪽 하늘을 뒤덮는가 싶더니
서서히 남쪽을 향해 이동한다

운남雲南이어서 그런가
산들에 둘러싸인 메마른 땅에
엘리야의 기적이 일어나는가 싶어
잠시잠간 기대에 잠겨 본다

앞으로 백 년 세월 흐르면
이 땅이 어떻게 변해 있을지
아는 자 아무도 없을지라도
앞당긴 상상이 현실적 즐거움을 준다

● 교사를 세우기 위한 목적으로 운남성 주변 지역을 방문했을 때 떠오른 생각. 한 점 구름, 두 점 구름이 온 하늘을 뒤덮듯이 한 명의 교사, 두 명의 교사가 오랜 세월이 흘러 구름떼와 같이 일어나기를 기대하는 마음이 우러났다. 하늘에 생겨난 한 점 구름이 오래 전 엘리야의 갈멜산 구름으로 내 마음에 다가오는 듯 했다.

2025년 4월 22일.

해설

이광호 시인의 시 세계
『구름 한 점 백 년 세월 품고』에 나타난 시심

송광택 목사(시인, 한국교회독서문화연구회 대표)

 이인복은 〈문학의 이해〉에서 "문학이란 인간의 사상과 감정을 예술적 표현으로 묘사한 언어의 기록"이라고 말했다. 문학은 인간의 정신적 영역을 다루는 언어적인 작업이기도 하다.
 문학의 주제는 인간의 체험이다. 문학은 체험에 대한 지식을 전달하는 것이 아니다. 문학은 기계를 조립하기 위한 설명서라기보다는 기계 그 자체의 그림이다. 문학은 체험을 재창조하는 것이다. 문학은 인간 경험뿐만 아니라 그 경험에 대한 해석도 제공해 준다. 문학도 다른 학문이 다루는 것과 같은 주제들(자연, 사회, 신, 인간)을 다룬다.
 문학이 다른 학문과 구별되는 것은, 문학은 이런 주제를 객관적으로 바라보는 것이 아니라, 사람의 관심을 끌고 '사람에게' 가치 있는 것으로 본다는 것이다. 영문학자 리렌드 라이켄 교수는 말하기를 "문학 작품은 삶의 한 선택적 측면으로 우리의 생각을 집중시켜서, 그것에 대한 우리의 이해를 분명하게 해주는 것이다"라고 했다.

우리는 한 편의 시를 읽고 생각하면서, 인간 경험의 어떤 측면을 의식하게 된다. 예를 들면 시인은 우리로 하여금 자연이 가진 다면적 아름다움을 의식하도록 함으로써 우리 자신을 풍부하게 해주는 것이다. 우리는 시를 읽으면서 우리 주변 사람들과 자연에 대한 각성된 의식을 갖게 된다. 시를 감상할 때 우리는 사람들의 기쁨과 슬픔, 그리고 고뇌와 환희에 참여하게 되는 것이다. 한 편의 시에는 시인의 세계관 또는 인생관이 담겨 있다.

필자는 이광호의 시집 『구름 한 점 백 년 세월 품고』에 소개된 시 6편(「호수」, 「야산」, 「무망」, 「풍랑」, 「고백」, 「제네바의 하루」)을 중심으로 살펴보고자 한다.

1. 「호수」
이 시는 단순한 풍경시가 아니라 내면 성찰의 은유시다. 호수는 하늘을 담아내는 내면세계이며, 기러기 떼의 출현과 소멸은 인생의 만남과 이별, 존재의 덧없음을 드러낸다. 그러나 호수는 여전히 하늘을 비추듯, 인간 영혼은 하나님의 형상을 잃지 않는다. 현대 사회의 분주함 속에서 이 시는 자아 성찰과 영적 고요의 회복을 촉구한다.

2. 「야산」
이 시의 키워드는 달빛(신적 임재), 바람·구름(영원의 흔적), 아담(존재의 근원) 등이다. 이 작품은 달빛 가득한 산속에서 존재의 근원으로 돌아가는 체험을 묘사한다. 태고적 바람과 구름은 변하지 않는 창조 섭리의 표징이며, 화자는 홀로 서 있는 순간 자신이 마치 아담처럼 하나님 앞에 선 존재임을 깨닫는다. 이는 단순한 자연 체험이 아니라 영적 회귀의 체험으로, 현대인이 잃어버린 고독 속의 임재 경험을 환기한다.

3. 「무망」

밤도시를 방황하는 화자는 '네온사인 십자가'를 거둬들이는 상징적 장면을 통해, 장식품이 된 신앙을 고발한다. 밝아 오는 아침 남은 것은 빛을 잃은 유리관뿐이며, 이는 세속화된 종교의 공허를 상징한다. 이 시는 단순한 허무주의가 아니라, 십자가의 세속화와 교회의 타락에 대한 예언자적 절규다. 현대 대도시 교회의 외형적 번영과 내적 황폐를 비판한다.

4. 「풍랑」

이 시의 키워드는 대양·배(인생·교회), 태풍·파도(시련), 선장·선원(목회자·공동체)라고 볼 수 있을 것이다. 이 시는 항해의 은유로 교회의 본질을 그린다. 순풍만 기대할 수 없듯 교회도 고난을 피할 수 없다. 태풍 속에서도 선장과 선원은 승객을 먼저 돌보듯, 목회자와 공동체는 헌신으로 고난을 감당한다. 교회를 위협하는 악한 세력은 이리 떼·벌레·바이러스 등으로 묘사된다. 그러나 풍랑은 파괴만이 아니라 정화의 기능도 하여 교회를 성숙케 한다. 이 시는 고난을 성숙의 기회로 해석하는 신앙의 역설을 전한다.

5. 「고백」

시인은 겨울나무만 보았을 때는 아름다움을 몰랐으나, 꽃봉오리가 피어나면서 본질적 아름다움을 깨닫는다. 시간이 흐른 뒤 꽃이 시들어도 본질은 남는다. 이는 인간관계와 신앙의 본질에 대한 고백으로, 외적 조건이 사라져도 변치 않는 내적 가치를 노래한다. 현대 사회의 외모 숭배와 달리, 본질을 꿰뚫는 눈을 강조한다. 신앙적 성실성, 관계의 진실성, 영원한 가치가 바로 이 아름다움이다.

6. 「제네바의 하루」

스위스 제네바의 골목길과 교회당, 묘지를 거닐며 칼빈과 개혁자들의 흔적을 따라가는 시적 화자는 단순한 여행자가 아니라 신앙적 순례자이다. 역사와 장소는 단순한 풍경이 아니라 하나님의 역사와 증언자의 삶을 기억하게 한다. 제네바는 단순한 도시가 아니라 개혁의 용광로였으며, 이 기억은 오늘의 신앙을 새롭게 한다. 이 시는 개신교적 성지 순례의 전형으로, 과거와 현재를 잇는 기억의 영성을 보여준다.

이광호 시인의 시는 자연·사회·역사·신앙을 긴밀히 결합한다. 「호수」와 「야산」은 자연 속에서 내면과 창조주를 성찰하게 하고, 「무망」은 세속화된 종교를 예언자적으로 고발한다. 「풍랑」은 교회를 영적 항해 공동체로 묘사하며 고난을 정화로 해석하고, 「고백」은 외적 조건을 넘어 본질적 아름다움에 눈뜨게 한다. 「제네바의 하루」는 역사를 기억함으로 현재의 신앙을 새

롭게 하는 영적 순례를 제시한다.

그의 시는 단순한 서정시를 넘어 신학적 상상력과 예언자적 비판의식을 드러낸다. 현대 독자는 이 작품들을 통해 자기 성찰, 공동체 회복, 역사 기억, 신앙의 본질이라는 네 가지 큰 메시지를 얻는다. 따라서 이광호의 시 세계는 현대 시문학뿐 아니라 신앙 공동체에도 중요한 영적 자산으로 평가된다.

시인은 삶의 소소한 일상에서 깨달음을 얻는다. 평범하게 보이는 사물에서도 지혜의 빛을 발견하곤 한다. 어떻게 이러한 발견이 가능할까. 김승옥은 말하기를 "글을 쓴다는 것은 밖의 것을 받아들여(impression) 자기의 마음이라는 필터에 걸러낸 후, 밖으로 뱉어 놓는 것(expression)을 말한다. 받아들이는 것이 없이는 결코 나올 수가 없는 것이다. 무엇을 쓴다는 것은 그리 거창한 것이 아니다. 일상사에서 일어나는 각자의 느낌, 작은 것을 세밀하게 관찰하여 거기서 오는 새로운 발견이, 바로 글의 시작이 되는 것이다"라고 했다.

이광호 시인은 선지자적 용기를 지닌 신학자로서 이 시대의 신음소리에 귀를 기울이는 음유시인이다. 독자는 그의 시를 통해 세상과 교회를 바라보는 안목이 넓어지고 밝아지는 경험을 하게 될 것이다. 이후에 더 많은 시편으로 많은 이들에게 지혜와 통찰을 주기를 기대한다.